UNIDOS NO SENHOR!

Pe. Eugênio Pacelli, SJ

UNIDOS NO SENHOR!

Para mostrar a beleza
do matrimônio

Dados Internacionais de Catalogação na Publicação (CIP)
(Câmara Brasileira do Livro, SP, Brasil)

Aguiar, Eugênio Pacelli Correia
　　Unidos no Senhor! : para mostrar a beleza do matrimônio / Eugênio Pacelli Correia Aguiar. -- São Paulo : Edições Loyola (Aneas), 2025.
-- (Enfoques e perspectivas pastorais)

　　ISBN 978-65-5504-434-8

　　1. Aconselhamento matrimonial 2. Casamento - Aspectos religiosos - Cristianismo I. Título. II. Série.

25-250540　　　　　　　　　　　　　　　　　　　　　　　　　　CDD-248.4

Índices para catálogo sistemático:
1. Casamento : Aspectos religiosos : Cristianismo　　　　248.4
　　Eliete Marques da Silva - Bibliotecária - CRB-8/9380

Diretor geral: Eliomar Ribeiro, SJ
Editor: Gabriel Frade

Capa: Ronaldo Hideo Inoue
Diagramação: Desígnios Editoriais
Revisão: Fernanda Guerriero Antunes

Capa montada sobre edição generativa realizada a partir da imagem original de © Jorge (Adobe Stock).

Gráfico do miolo (*Roda da vida*) fornecido pelo autor.

Edições Loyola

Rua 1822 nº 341, Ipiranga
04216-000 São Paulo, SP
T 55 11 3385 8500/8501, 2063 4275
editorial@loyola.com.br, **vendas**@loyola.com.br
loyola.com.br, 🌐 @edicoesloyola

Todos os direitos reservados. Nenhuma parte desta obra pode ser reproduzida ou transmitida por qualquer forma e/ou quaisquer meios (eletrônico ou mecânico, incluindo fotocópia e gravação) ou arquivada em qualquer sistema ou banco de dados sem permissão escrita da Editora.

ISBN 978-65-5504-434-8

© EDIÇÕES LOYOLA, São Paulo, Brasil, 2025

109663

Sumário

Introdução 7

CAPÍTULO 1   A importância da fé na vida do casal cristão 13

CAPÍTULO 2   Cada coisa no seu tempo 23

CAPÍTULO 3   O que nos afasta de Deus 33

CAPÍTULO 4   Em busca da santidade 43

CAPÍTULO 5   Dois mundos que se encontram: vale a pena lutar? 57

CAPÍTULO 6   Interferências familiares na vida do casal 65

CAPÍTULO 7   O poder da oração conjugal 75

CAPÍTULO 8   Amor e perdão: uma feliz combinação 83

CAPÍTULO 9   A importância de sentar-se à mesa 93

CAPÍTULO 10   Retrospectiva 103

Introdução

Você tem em mãos um livro que é fruto da caminhada de casais de 0 a 7 anos de união que participam de um movimento surgido em Fortaleza, Ceará, chamado Amare. Durante sete anos, nós os acompanhamos em reuniões mensais realizadas em suas residências e coordenadas por dois casais animadores que preparam com o casal anfitrião cada encontro vivenciado.

Este primeiro livro contém todos os temas das reuniões do primeiro ano de caminhada. Queremos, com esta publicação, colocar todo o material a serviço das comunidades e paróquias que incentivam a participação e o acompanhamento de jovens casais.

Nestas páginas, apresentamos um pouco do nosso movimento para que você conheça toda a metodologia que usamos na realização das nossas reuniões e atividades.

O Movimento Amare foi fundado em 2015, com o carisma voltado ao encontro com Deus na vida conjugal por meio da ação e contemplação. Esse movimento católico teve origem com o casal Patriciana e David Rodrigues, sob a orientação espiritual do sacerdote jesuíta Eugênio Pacelli.

Sua missão é fortalecer a união conjugal, promovendo uma conexão mais profunda entre os cônjuges, com Deus e com a Igreja. O movimento busca transmitir os valores do sacramento do matrimônio de forma autêntica, utilizando o testemunho de vida conjugal como meio de evangelização.

Inspirados pelas palavras do Papa Francisco, que afirmou: "As famílias felizes são essenciais para a Igreja e para a sociedade"[1], os objetivos do Movimento Amare incluem:

1. *Fortalecer o matrimônio cristão*: Ajudar jovens casais a viverem plenamente o sacramento do matrimônio, aprofundando o compromisso conjugal e espiritual.
2. *Promover a união familiar*: Incentivar uma conexão mais forte entre os cônjuges, suas famílias e a comunidade cristã.
3. *Evangelizar pelo testemunho*: Inspirar/influenciar outros casais e famílias por meio do exemplo de uma vida conjugal centrada em valores cristãos.

---

[1]. Cf. <https://oglobo.globo.com/brasil/defina-familia-inocente-14248459>, acesso em: 09 jan. 2025. (N. do E.)

4. *Apoiar o crescimento espiritual*: Oferecer formação, retiros espirituais e momentos de oração para aproximar os casais de Deus.
5. *Incentivar a ação social*: Mobilizar os participantes para atividades em prol de comunidades carentes, promovendo a solidariedade e o serviço.

Esses objetivos estão alinhados com a missão da Igreja Católica de fortalecer as famílias como células fundamentais da sociedade e da fé.

A alegria está presente no Movimento Amare como um elemento central em sua missão de fortalecer os laços conjugais e espirituais dos jovens casais. Ela se manifesta das seguintes formas:

1. *Alegria no sacramento do matrimônio*: O movimento incentiva os casais a vivenciarem a plenitude e a beleza do matrimônio cristão, promovendo a alegria como um dom que surge do amor mútuo e da presença de Deus na relação.
2. *Alegria como testemunho*: A vida conjugal vivida com alegria serve de testemunho para outros casais, inspirando a construção de uma família sólida e espiritual.

3. *Encontros e retiros*: Momentos de oração, partilha e formação oferecidos pelo Amare são marcados por um espírito de comunhão e alegria, fortalecendo a conexão entre os casais e com a comunidade cristã.
4. *Alegria na ação social*: Ao promover iniciativas de solidariedade e serviço às comunidades carentes, o movimento reforça a ideia de que a alegria também é encontrada no ato de servir e amar ao próximo.
5. *Fonte divina da alegria*: Inspirado em passagens bíblicas como "a alegria de Javé é a vossa fortaleza" (Ne 8,10)[2], o movimento busca cultivar uma alegria que transcende dificuldades e encontra sua raiz na fé e na esperança em Deus.

No Movimento Amare, a alegria não é apenas um sentimento passageiro, mas uma experiência espiritual que fortalece o amor, a fé e o propósito de vida dos casais.

Fazer parte do Movimento Amare traz mais alegria, porque ele oferece um ambiente de fortalecimento espiritual, comunitário e conjugal, promovendo experiências que elevam o bem-estar e a conexão com Deus. Eis os principais motivos:

---

2. As citações bíblicas foram retiradas do volume *Bíblia Mensagem de Deus*, São Paulo, Loyola, ³2016. (N. do E.)

1. *Fortalecimento do matrimônio*: O movimento ajuda os casais a aprofundarem seu amor e compromisso, o que gera felicidade e satisfação em viver o sacramento do matrimônio com propósito.
2. *Sentido de comunidade*: Participar de uma rede de casais que compartilham os mesmos valores cria um sentimento de pertencimento, apoio mútuo e alegria em construir amizades significativas.
3. *Crescimento espiritual*: O contato com a Palavra de Deus, momentos de oração e retiros espirituais trazem paz interior e uma alegria duradoura que vêm da proximidade com Deus.
4. *Experiência de serviço*: A alegria é intensificada pelo senso de propósito ao ajudar comunidades carentes e praticar a solidariedade, vivendo o amor cristão na prática.
5. *Ressignificação das dificuldades*: O movimento oferece suporte para enfrentar os desafios do casamento e da vida com esperança, transformando dificuldades em oportunidades de crescimento e renovação.
6. *Testemunho inspirador*: Fazer parte de um movimento que exalta o amor, a fé e a alegria de viver motiva os participantes a enxergarem a própria vida com mais gratidão e positividade.

Assim, o Movimento Amare não apenas proporciona momentos de alegria, mas também ajuda a cultivá-la como uma virtude enraizada na fé e no amor cristão.

Além da alegria, os pilares do Movimento Amare são: unidade, flexibilidade, misericórdia, espiritualidade, ousadia e amor.

Hoje, mais de 1.500 casais fazem parte do Amare, que já expandiu suas atividades para o interior do estado, contando com cerca de cinquenta casais participantes em Sobral, Ceará.

Além dos encontros formativos e retiros espirituais, o grupo tem uma forte atuação em ações sociais, com um foco especial nos mais vulneráveis. Até o momento, mais de 25 mil pessoas foram beneficiadas com doações de cestas básicas, quentinhas, roupas, calçados e produtos de higiene pessoal. O grupo também presta assistência médica, odontológica, jurídica e psicológica, além de realizar reformas em creches, hospitais e outras instituições.

Que você faça bom uso deste material, que tem dado tantos frutos na vida dos jovens casais, e que fortalecido na Palavra e na partilha, mostre para o mundo a beleza do matrimônio e a alegria de viver uma fé no amor e no serviço. Bom proveito!

CAPÍTULO 1

A importância da fé na vida do casal cristão

Vós que temeis o Senhor, esperai nele,
não falhará vossa recompensa.
(Sr 2,8)

1. Integração, boas-vindas, refeição ou lanche

2. Música para pacificar o coração

3. Invocação do Espírito Santo e oração pelas intenções

Uma vez os casais em círculos, com a sala na penumbra, o animador motiva a todos a tomarem consciência da presença de Deus e oferecerem para ele agradecimentos e pedidos. Entrega uma cruz ou imagem da Sagrada Família, que vai passando nas mãos dos casais, os quais apresentam suas intenções, seja em voz alta seja em silêncio. Termina o momento com um pai-nosso.

4. Escuta da Palavra

(Sr 2,1-10)

¹Meu filho, queres servir ao Senhor? Prepara-te para a prova! ²Torna teu coração reto, sê corajoso e não te abales na desventura. ³Une-te ao Senhor, não te afastes dele e serás exaltado em teu último dia. ⁴Tudo o que acontecer, aceita-o, sê paciente nas vicissitudes da humilhação, ⁵pois no fogo se prova o ouro e no cadinho da humilhação os que agradam a Deus. ⁶Confia no Senhor que cuidará de ti; segue um caminho reto e espera nele. ⁷Vós que temeis o Senhor, confiai em seu amor; para não cair, não desvieis no caminho. ⁸Vós que temeis o Senhor, esperai nele, não falhará vossa recompensa. ⁹Vós que temeis o Senhor, esperai seus favores, a alegria eterna e a misericórdia. ¹⁰Considerai as gerações passadas e vede: quem, confiando no Senhor, foi confundido? Quem, perseverando em seu temor, foi abandonado? Quem o invocou, sem ser ouvido?

Palavra do Senhor!
Graças a Deus!

– Qual a frase que mais me tocou no texto lido?
– Quais os sentimentos que essa frase provoca em meu coração?
– Quais os apelos que o texto me faz?

5. Reflexão sobre o tema

Nesta primeira reunião, vamos refletir sobre a importância da fé na vida do casal cristão. Fé como alicerce que sustenta e dá sentido à união matrimonial. Para nós, cristãos católicos, o casamento não é apenas uma união legal ou afetiva, mas sobretudo um sacramento, no qual o amor humano se encontra com o amor divino. Nosso amor tem presença e cheiro de Deus. Nesse contexto, a fé é fundamental para que o casal cresça espiritualmente e permaneça unido nas alegrias e dificuldades da vida.

É importante tomar consciência de que nosso matrimônio é um sacramento, isto é, uma visibilidade para o mundo da presença de Deus. Por isso, uma das missões mais importante dos jovens casais é mostrar ao mundo a beleza do sacramento do matrimônio, não a perfeição, pois não existe família perfeita, e sim famílias ancoradas e construídas sobre a rocha firme que é Jesus. Em um mundo onde a família é tão bombardeada e questionada, somos convidados a ser faróis, lâmpadas que acendem novas lâmpadas e iluminam ao redor com a beleza do amor de Deus presente entre nós.

Destacamos alguns elementos importantes que é necessário termos sempre aos nossos olhos:

1. *O matrimônio como caminho de santificação*: O casamento, para os cristãos, é mais do que uma instituição social; é um caminho de santificação. Quando um casal se une em matrimônio, ele faz votos diante de Deus, comprometendo-se a amar e a servir o outro por toda a vida. A fé é o que permite ao casal viver esse compromisso de forma plena, confiando na graça de Deus para superar as dificuldades e celebrar as bênçãos. Sem fé, os desafios do dia a dia podem parecer insuperáveis, mas, com ela, o casal encontra forças para caminhar juntos. É isso que pedimos na oração do Amare: "O vosso Amor nos uniu; nele queremos viver, permanecer e anunciar".
2. *Cristo como centro da vida matrimonial*: A fé permite que o casal coloque Cristo no centro do seu relacionamento. Jesus é o exemplo perfeito de amor, sacrifício e doação, e o casal cristão é chamado a viver esse mesmo amor em seu matrimônio. Quando os cônjuges vivem a fé, eles se tornam sinais visíveis do amor de Cristo no mundo. Eles aprendem a amar como Cristo amou, a perdoar como Cristo perdoou e a servir como Cristo serviu. Esse amor incondicional é impossível sem a fé, pois é nela que o casal encontra a fonte desse amor divino.

3. *A oração como oxigênio da vida conjugal*: A fé leva o casal à oração. A oração é o canal de comunicação com Deus, e um casal que reza junto está mais preparado para enfrentar as dificuldades e os desafios da vida. A oração em comum fortalece a unidade do casal, pois ambos se colocam na presença de Deus, buscando discernimento, paz e sabedoria. Além disso, quando os cônjuges rezam juntos, eles pedem que Deus abençoe sua relação e que ele seja a força que os une. Como Jesus disse: "onde estão dois ou três reunidos em meu nome, eu estou lá entre eles" (Mt 18,20).

4. *A fé como força nas tempestades da vida*: Todo casamento passa por momentos de crise e dificuldade. As tribulações da vida, sejam elas financeiras, sejam emocionais ou familiares, podem abalar o relacionamento se o casal não tiver uma base sólida. A fé é essa base. Quando os cônjuges confiam em Deus, sabem que, apesar das dificuldades, nunca estão sozinhos. Podem enfrentar as tempestades da vida com a certeza de que Deus está com eles, guiando-os e sustentando-os. Como nos ensina o salmista: "Se atravesso o vale escuro, nada temo: estás comigo! Teu bordão e teu cajado, ao meu lado, me dão força" (Sl 23,4).

5. *O testemunho de fé no mundo*: A fé no casamento cristão não é apenas algo que beneficia o casal em particular, mas também é um testemunho para o mundo. Em uma sociedade muitas vezes marcada pela superficialidade nos relacionamentos, o casal que vive sua fé se torna um sinal de esperança. Eles mostram que é possível viver um amor fiel, duradouro e abençoado por Deus. O testemunho de um casal cristão que coloca sua fé em Deus inspira outros casais a também buscarem a Deus e a fortalecerem a própria união.

6. *A importância da participação na vida da Igreja*: A fé de um casal cristão também se manifesta em sua participação na vida da Igreja. Os sacramentos, especialmente a Eucaristia, são fontes de graça que fortalecem o amor do casal. Participar ativamente da vida da comunidade, envolver-se em ministérios, participar ativamente das atividades do nosso Movimento Amare, tudo isso pode ajudar os cônjuges a crescerem na fé e a se apoiarem mutuamente em sua caminhada espiritual. A Igreja, como Mãe e Mestra, oferece o suporte espiritual necessário para que o casal viva plenamente sua vocação matrimonial.

7. *A transmissão da fé aos filhos*: A fé no casamento cristão também tem uma dimensão geracional. Os

cônjuges são chamados a transmitir a fé aos seus filhos, educando-os no caminho de Cristo. Um casal que vive sua fé não apenas com palavras, mas com o exemplo de vida, prepara os filhos para também viverem uma fé sólida e autêntica. Eles se tornam os primeiros catequistas de seus filhos, ensinando-lhes o valor da oração, do perdão e do amor cristão.

Conclusão: A fé é o alicerce da vida do casal cristão. Ela é a força que sustenta o amor, a paciência que supera os desafios e a luz que guia o caminho conjugal. Quando um casal vive sua fé em Deus, experimenta a graça de um matrimônio abençoado, no qual Cristo está sempre presente. Que saiamos desta reunião com o propósito de cultivar e fortalecer a fé em nossa família, para que o amor cresça cada dia mais e nossa família possa ser testemunha viva do amor de Deus no mundo. Como nos ensina a Escritura: "Se Senhor não constrói a nossa casa, em vão trabalharão os que a edificam" (Sl 127,1).

6. Sugestão

Pode-se convidar um casal que já vivenciou a importância da fé na vida pessoal ou matrimonial para um pequeno e objetivo depoimento. A fé se fortalece através de testemunhos!

7. Propósito conjugal

Vamos fazer um propósito conjugal após esta reflexão? Pelo menos uma vez na semana, como casal, vamos rezar juntos por quinze minutos, entregando a Deus nossos sonhos, nossas vitórias e também nossas dificuldades. Deus só vem quando é chamado!

8. Dinâmica

Nesta primeira reunião, vamos partilhar um pouco sobre nossa história de casal. O animador motiva alguns casais para contar sua história. Sugestões de perguntas:

1. Como recordamos o nosso primeiro encontro?
2. Como descrevemos os sentimentos que tivemos quando nos vimos pela primeira vez?
3. Como esses sentimentos evoluíram? Por que nos escolhemos?

Depois da partilha, finalizar com esta oração:

Senhor, encontrei-vos na beleza do olhar do(a)...
Agradeço a vossa presença silenciosa, que me faz descobrir nele(a) o amor e a felicidade que procuro.

Possa o nosso compromisso um com o outro ser sempre oportunidade para vos encontrar e nos deixarmos cativar pela vossa verdade e beleza em nós.
Glória ao Pai, ao Filho e ao Espírito Santo.
Como era no princípio, agora e sempre. Amém!

9. Avaliação da reunião

   Uma breve avaliação da reunião vivenciada:
   - O que a reunião de hoje acrescentou na minha vivência matrimonial?
   - Quais os propósitos que Deus inspirou para concretizarmos na nossa caminhada matrimonial?

10. Informações sobre aniversários, data da próxima reunião...

11. Oração final

   Pai, Filho e Espírito Santo, em vós contemplamos a fonte do amor, da unidade e da paz. Em vosso nome nos reunimos para escutar e partilhar a Palavra. Somos família em oração. Fazei de nossos lares lugar de comunhão, escola do Evangelho e autênticas igrejas domésticas. Queremos mostrar ao mundo a beleza do matrimônio e da alegria de viver uma fé no amor e no serviço. Despertai em todos nós a consciência do caráter sagrado da família e de sua beleza no projeto de Deus. Vosso amor nos uniu e nele queremos crescer, permanecer e anunciar. Amém!

CAPÍTULO 2

Cada coisa no seu tempo

um tempo para nascer,
um tempo para morrer,
um tempo para plantar,
um tempo para arrancar o plantado
(Ecl 3,2)

1. Integração, boas-vindas, refeição ou lanche

2. Música para pacificar o coração

3. Invocação do Espírito Santo e oração pelas intenções

4. Escuta da Palavra

   (Ecl 3,1-11)
   [1]Tudo tem a sua hora, cada empreendimento tem o seu tempo debaixo do céu: [2]um tempo para nascer, um tempo para morrer, um tempo para plantar, um tempo

para arrancar o plantado, ³um tempo para matar, um tempo para curar, um tempo para destruir, um tempo para edificar, ⁴um tempo para chorar, um tempo para rir, um tempo para lamentar, um tempo para dançar, ⁵um tempo para espalhar pedras, um tempo para ajuntá-las, um tempo para abraçar, um tempo para abster-se de abraços, ⁶um tempo para procurar, um tempo para perder, um tempo para guardar, um tempo para jogar fora, ⁷um tempo para rasgar, um tempo para costurar, um tempo para calar, um tempo para falar, ⁸um tempo para amar, um tempo para a guerra e um tempo para a paz. ⁹Que ganha alguém com a sua fadiga? ¹⁰Considerei a tarefa que Deus concedeu aos homens para dela se ocuparem. ¹¹Ele fez tudo bom para seu tempo. Ele colocou também a duração em seu coração, sem que o homem pudesse descobrir a obra que Deus fez, do começo ao fim.
Palavra do Senhor!
Graças a Deus!

– Qual a frase que mais me tocou no texto lido?
– Quais os sentimentos que essa frase provoca em meu coração?
– Quais os apelos que o texto me faz?

5. Reflexão sobre o tema

Tempo de qualidade na vida conjugal

Onde estiver seu coração, ali estarão o seu tempo, a sua prioridade! Precisamos de tempo de qualidade na vida conjugal para que nossa relação cresça e se fortaleça. Sem tempo não há diálogo, e sem diálogo não há conhecimento, e sem conhecimento vivemos uma relação sem profundidade, superficial. Necessitamos mais do que nunca de um tempo de qualidade na vida conjugal. O "tempo de qualidade" é uma expressão concreta do amor e da valorização mútua, fortalecendo a união entre os cônjuges e mantendo viva a chama do matrimônio. Vamos refletir sobre alguns elementos significativos que compõem o tempo de qualidade.

1. *O casamento como uma vocação*: O matrimônio é uma vocação divina, um chamado para que o casal se torne um reflexo do amor de Cristo pela sua Igreja. Em Efésios 5, o apóstolo Paulo nos ensina que o relacionamento entre o marido e a esposa deve ser vivido em um espírito de doação mútua, assim como Cristo se entregou por sua Igreja. Para que essa doação se torne real, é necessário que o casal dedique tempo um ao outro. Não se pode amar verdadeiramente sem estar presente na vida do outro. Damos prioridade de tempo para nosso relacionamento?

2. *A importância da presença*: Viver juntos não significa apenas compartilhar o mesmo espaço físico, mas também estar realmente presente um para o outro. A correria da vida moderna, com suas inúmeras distrações, trabalho e compromissos, pode fazer com que os cônjuges passem tempo juntos, mas sem estarem verdadeiramente conectados. O tempo de qualidade implica uma presença atenta e intencional, em que cada um pode se abrir ao outro, partilhar suas preocupações, alegrias e sonhos. Esse tipo de tempo fortalece o laço do amor e renova a união matrimonial.

3. *O tempo como expressão de amor*: Em um mundo onde o tempo é um recurso escasso, dedicar tempo à pessoa que amamos é uma demonstração de carinho e compromisso. A Bíblia nos ensina que o amor é paciente (1Cor 13,4), e a paciência requer tempo. Reservar momentos de qualidade para o outro é uma maneira de dizer: "Você é importante para mim, e eu quero estar presente na sua vida". Assim como Deus deseja nosso tempo em oração e adoração, os cônjuges devem buscar momentos dedicados à partilha e ao crescimento juntos.

4. *Superando a rotina e a indiferença*: A falta de tempo de qualidade pode levar a um distanciamento

gradual e até à indiferença. Quando o casal deixa de investir no relacionamento, a convivência pode se tornar uma rotina vazia, em que ambos vivem lado a lado, mas sem se conectarem verdadeiramente. Jesus nos ensina que, onde dois ou mais estão reunidos em seu nome, ele está presente (Mt 18,20). Da mesma forma, quando o casal se reúne em momentos de verdadeira comunhão, Deus também se faz presente, abençoando e fortalecendo essa união.

5. *Cultivando a espiritualidade no tempo de qualidade*: O tempo de qualidade também é uma oportunidade para que o casal cresça espiritualmente. Além de conversas e atividades conjuntas, é importante que os cônjuges reservem tempo para orarem juntos, lerem a Palavra de Deus e participarem dos sacramentos. A oração em comum é uma poderosa forma de unir os corações e alinhar os propósitos do casal com a vontade de Deus. Como disse Jesus, "onde estão dois ou três reunidos em meu nome, eu estou lá entre eles" (Mt 18,20). Assim, o casal pode experimentar a presença viva de Cristo em seu relacionamento. A oração como casal faz parte do nosso tempo?

6. *O exemplo de Cristo no tempo dedicado às pessoas*: Jesus, em sua vida pública, sempre dedicou tempo

às pessoas, mesmo estando muitas vezes cansado e sobrecarregado. Ele parava para ouvir, para curar e para partilhar. Da mesma forma, o casal deve seguir o exemplo de Cristo, dedicando tempo para ouvir um ao outro, curar as feridas que surgem no dia a dia e partilhar os momentos de alegria e dor. Esse tempo, vivido em amor e caridade, fortalece o matrimônio e o mantém firme.

7. *A construção de um legado*: O tempo de qualidade não é apenas algo que beneficia o casal no presente, mas também constrói um legado para as futuras gerações. Quando os filhos percebem o esforço e a dedicação que os pais têm um para o outro, aprendem a importância do respeito, do cuidado e da presença no relacionamento. Eles crescem com um exemplo de amor sólido, que é um reflexo do amor de Deus.

Conclusão: O matrimônio é um caminho de santificação, e o tempo de qualidade é uma ferramenta essencial para viver essa vocação com plenitude e alegria. Que cada casal saia desta reunião com um propósito de reconhecer a importância de reservar momentos para si, sem distrações, cultivando a união e permitindo que a graça de Deus opere em sua relação. Casal que não tem tempo para dialogar acumula em seu coração sentimentos nada favoráveis à unidade do casal, e aos poucos vão se distanciando dos sonhos e do sentido da vida de comunhão que é o matrimônio.

6. Dinâmica

Roda da Vida

Vamos refletir sobre o tempo que estamos empregando em diversas áreas da nossa vida. Em clima de silêncio, vamos fazer nossa Roda da Vida: primeiro pessoal; depois, os dois juntos fazem a Roda da Vida do casal. De 0 a 10, cada um vai avaliar o tempo que está dando a cada área. Depois partilham a Roda da Vida pessoal e ambos fazem a Roda da Vida de sua vida matrimonial hoje.

7. Propósito conjugal

Priorizar durante o mês um tempo de qualidade para o casal crescer no diálogo e no fortalecimento da união conjugal.

8. Vídeo

Desacelere – Thiago Rodrigo (https://www.youtube.com/watch?v=aUSD7CQI9KI)

9. Avaliação da reunião

    Uma breve avaliação da reunião vivenciada:
    - O que a reunião de hoje acrescentou na minha vivência matrimonial?
    - Quais os propósitos que Deus inspirou para concretizarmos na nossa caminhada matrimonial?

10. Informações sobre aniversários, data da próxima reunião...

11. Oração final

    Pai, Filho e Espírito Santo, em vós contemplamos a fonte do Amor, da Unidade e da Paz. Em vosso nome nos reunimos para escutar e partilhar a Palavra. Somos família em oração. Fazei de nossos lares lugar de comunhão, escola do Evangelho e autênticas igrejas domésticas. Que em tudo possamos sempre vos amar e servir! Amém!

Roda da vida

Qual o seu nível de satisfação atual com o seu casamento?

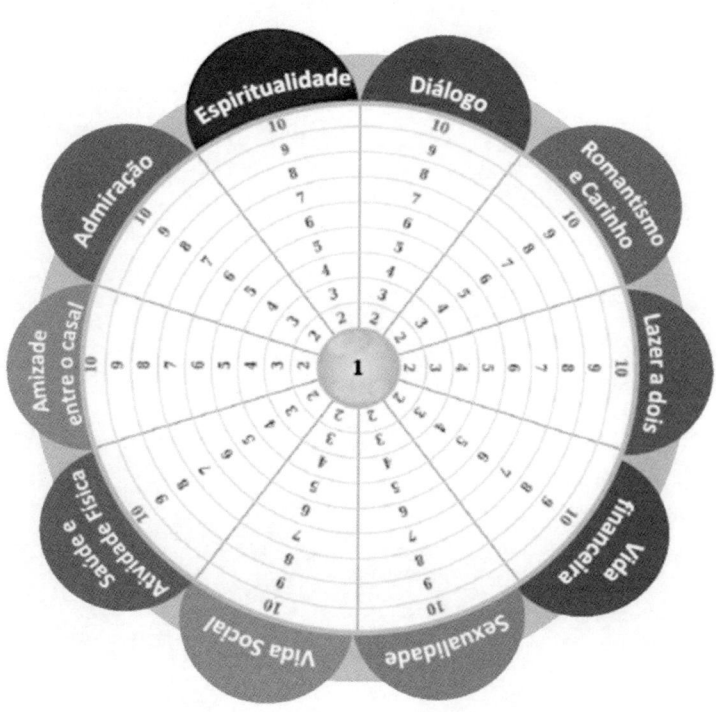

CAPÍTULO 3

O que nos afasta de Deus

Foi Deus quem criou o homem e a mulher, de tal maneira,
que somente unidos a ele serão plenamente felizes.
Deus fincou no coração humano a ânsia pelo Infinito
e o desejo de amá-lo, de vê-lo face a face.
(Padre Eugênio Pacelli)

1. Integração, boas-vindas, refeição ou lanche

2. Música para pacificar o coração

3. Invocação do Espírito Santo e oração pelas intenções

4. Escuta da Palavra

   (Mt 7,24-27)
   Naquele tempo, disse Jesus aos seus discípulos: ²⁴*"Assim, todo aquele que ouve as minhas palavras e as põe em prática será semelhante a um homem ajuizado, que*

constrói sua casa sobre a rocha. ²⁵Cai a chuva, correm as enxurradas, sopram os ventos que se lançam contra essa casa. Mas ela não desaba, porque está construída sobre a rocha. ²⁶Mas todo aquele que ouve as minhas palavras e não as põe em prática será semelhante a um tolo, que constrói sua casa sobre a areia. ²⁷Cai a chuva, correm as enxurradas, sopram os ventos que se lançam contra essa casa, e ela desaba: é uma destruição total!".
Palavra da Salvação!
Glória a vós, Senhor!

5. Reflexão sobre o tema

Onde você está construindo sua casa?

O relacionamento conjugal, no plano de Deus, é uma vocação à santidade, mas muitos desafios podem desviar o casal desse propósito. Aqui estão alguns pontos que poderiam ser destacados:

a. Falta de oração e de vida espiritual em comum

O primeiro e talvez mais fundamental ponto que afasta um casal de Deus é a falta de oração e de vida espiritual compartilhada. Quando o casal não busca junto a presença de Deus, seja na oração individual seja na comunitária, sua relação pode se distanciar da graça divina, construindo, assim, seu relacionamento sobre a areia. Cristo precisa ser o centro do casamento, pois, sem ele, as dificuldades da vida conjugal podem parecer maiores, e o amor humano, sem a fonte do Amor divino, pode enfraquecer. O casal que reza sabe muito bem que Cristo é a pedra fundamental da sua família.

Como está a vida de oração entre vocês? Há tempo para rezar juntos?

b. Individualismo

O individualismo, que muitas vezes se manifesta no egoísmo, é outro grande obstáculo na vida conjugal e espiritual. Um casamento é a união de duas pessoas que devem trabalhar juntas em prol de um bem comum, mas o individualismo tende a afastar os cônjuges um do outro e de Deus. Quando um busca apenas os próprios interesses, o casal se distancia da vivência do amor sacrificial e doação, que são a essência do matrimônio cristão. Casamento é comunhão! Nosso relacionamento começa a fraquejar quando não sonhamos mais juntos e, assim, abrimos portas para o individualismo, que gera o egoísmo, que não rima com comunhão.

Existe verdadeiramente comunhão de sonhos, projetos e vida entre vocês?

c. Falta de perdão

Outro fator que afasta o casal de Deus é a falta de perdão. O perdão é um aspecto central da fé cristã e deve ser praticado constantemente na vida conjugal. Quando os cônjuges guardam rancor ou mágoa, cria-se uma barreira que impede a graça de Deus de agir no relacionamento. Cristo nos ensinou a perdoar "setenta vezes sete" (Mt 18,22), e isso vale também dentro do casamento. Perdoar não é um sentimento, é uma decisão! Perdoar não é esquecer, mas lembrar sem sentir ressentimento e dor.

Como vocês exercem, na relação, o dom do perdão?

d. Incompatibilidades e desrespeito

Diferenças existem em todos os casamentos, mas o desrespeito a opiniões, sentimentos e crenças do outro pode afastar um casal não só emocional, mas também espiritualmente. O respeito mútuo é essencial para que o casal cresça junto e possa enfrentar as diferenças com sabedoria e caridade.

e. Infidelidade

A infidelidade, seja emocional seja física, afasta o casal de Deus porque viola a promessa de fidelidade que os dois fizeram diante do Senhor. A traição quebra a confiança e fere o vínculo que foi abençoado por Deus. Além disso, o pecado de adultério pode endurecer o coração e distanciar a pessoa da vida em comunhão com Deus.

f. Materialismo e falta de desapego

Quando o foco do casal está em bens materiais, sucesso mundano ou prazer, eles se afastam da busca pelas coisas de Deus. O materialismo pode tomar o lugar da fé, criando um vazio espiritual que enfraquece o relacionamento. Jesus nos adverte a não nos apegarmos às coisas terrenas, mas a buscarmos "primeiro o Reino de Deus e a sua justiça" (cf. Mt 6,33).

g. Falta de diálogo

A falta de comunicação aberta e sincera pode criar uma distância emocional entre os cônjuges, o que, por consequência, também enfraquece a conexão espiritual. O diálogo é uma forma de exercitar o amor e a compreensão, e, quando ele é negligenciado, cria-se um ambiente propício para ressentimentos e divisões. Casal que não dialoga abre espaço para a imaginação negativa, que é causa de distanciamento e desconfiança. Cuidado: a mente mente!

Que possamos refletir se estamos construindo nossa casa sobre a rocha ou sobre a areia. Onde estamos alicerçando nosso matrimônio? Se nos afastamos de Deus, nos afastamos um do outro. Porém, se estamos perto de Deus, ele nos dá forças para enfrentar as tormentas, pois temos um ao outro.

Quer construir a sua casa sobre a rocha? Construa sua trajetória de vida com os valores ensinados por Jesus, dos quais o principal é o amor, a Deus, a si mesmo e ao próximo.

h. Para refletir

- Como estamos construindo a casa da nossa vida: na rocha ou na areia?
- Você já experimentou alguma tempestade na sua vida? Como ficou a sua casa?
- Você sente firmeza nos seus pés nas horas das dificuldades?
- Você acha que a sua vida está firmada sobre a rocha ou você é um "homem sem juízo"?

6. Dinâmica

Comprimido efervescente e água

Material: 3 copos transparentes (vidro) com água, 3 comprimidos efervescentes.

Desenvolvimento: Prepare três copos com água (ela representa Deus ou a comunidade) e três comprimidos efervescentes do lado de fora do copo. O comprimido representa nossas vidas, nossos corações. Explicar que a água representa Deus, enquanto o comprimido somos nós. Em seguida, passar de forma individualizada por cada cenário.

Primeiro cenário: Copo com água e comprimido efervescente ao lado sem nenhuma interação. Representa a pessoa que não faz muita questão de ouvir Deus, não faz questão de viver em comunidade, prefere viver do seu jeito. Então, não há relação entre o copo e o comprimido. Não existe interação. Deixar o comprimido de fora.

Segundo cenário: Colocar o comprimido fechado dentro do copo com água. Representa aquele que entra na presença de Deus, começa a viver em uma comunidade cristã, mas não se abre para a graça. Não partilha, não se envolve... Está presente, porém fechado... Não acontece nenhuma troca de amor, fraternidade, de ideia... A embalagem lacrada não permite a interação entre o remédio e a água... Nada acontece... Não existe interação, por mais que estejam juntos.

Terceiro cenário: Colocar o comprimido efervescente aberto dentro do copo com água. Representa aquela pessoa que decide caminhar verdadeiramente com Deus. Confia, partilha e se entrega à vida da comunidade. As trocas acontecem. Existirá uma transformação tanto na comunidade como no coração desejoso. Não há mais como separar a água e o comprimido. Assim como nós, que não conseguimos mais separar a pessoa e Jesus. Há a comunhão. Essa é a melhor forma de viver em comunidade.

Moral: Quando estamos diante de Deus verdadeiramente vivendo em comunidade, deixamos de ser apenas nós e passamos a ser parte do todo. É assim que devem ser nossa vida com Deus, nossas atitudes, nossos pensamentos, nosso falar...

7. Propósito conjugal

Durante o mês, destacar duas virtudes da Família de Nazaré e procurar vivenciá-las em sua família.

8. Avaliação da reunião

Uma breve avaliação da reunião vivenciada:

- O que a reunião de hoje acrescentou na minha vivência matrimonial?
- Quais os propósitos que Deus inspirou para concretizarmos na nossa caminhada matrimonial?

9. Informações sobre aniversários, data da próxima reunião...

10. Oração final

    Pai, Filho e Espírito Santo, em vós contemplamos a fonte do amor, da unidade e da paz. Em vosso nome nos reunimos para escutar e partilhar a Palavra. Queremos mostrar ao mundo a beleza do matrimônio e da alegria de viver uma fé no amor e no serviço. Despertai sempre em nós a graça de amar e servir! Amém!

CAPÍTULO 4

Em busca da santidade

Um cristão não deveria fazer coisas
extraordinárias, mas sim fazer
extraordinariamente bem as coisas ordinárias.
(São Vicente de Paula)

1. Integração, boas-vindas, refeição ou lanche

2. Música para pacificar o coração

3. Invocação do Espírito Santo e oração pelas intenções

4. Escuta da Palavra

    (Mt 5,48)
    [48]Portanto, sede perfeitos como vosso Pai celeste é perfeito.
    Palavra da Salvação!
    Glória a vós, Senhor!

5. Reflexão sobre o tema

Em busca da santidade no matrimônio

O matrimônio cristão, além de ser uma aliança de amor entre homem e mulher, é um caminho de santificação, em que ambos os cônjuges se ajudam mutuamente a se aproximar de Deus. Vamos refletir sobre alguns elementos significativos que compõem o significado de viver a santidade em nossa vida conjugal:

a. O matrimônio como sacramento de santificação

O matrimônio, segundo a doutrina da Igreja, é um sacramento. Isso significa que ele é uma ação visível pela qual Deus confere a graça aos cônjuges. No rito matrimonial, o casal se compromete diante de Deus e da comunidade a viver em fidelidade, amor e respeito mútuo. Esse compromisso é um chamado à santidade.

A santidade no matrimônio não é algo extraordinário ou reservado para momentos especiais. Ela está no cotidiano, nas pequenas ações de amor, sacrifício e doação entre os cônjuges. Cada gesto de cuidado, paciência, perdão e compreensão é uma oportunidade de manifestar o amor de Deus e de crescer na santidade. Como São Paulo nos ensina: "Maridos, amai vossas esposas como Cristo amou a Igreja e se entregou a ela" (Ef 5,25). O amor conjugal, quando vivido de acordo com o plano de Deus, é uma expressão concreta do amor de Cristo pela Igreja.

b. A vocação ao amor: caminho de santificação

A essência da santidade no matrimônio está no amor. O casal é chamado a viver um amor verdadeiro, que não é egoísta, mas se doa pelo outro. Esse amor é o reflexo do amor de Deus, que é paciente, misericordioso e sem limites. No casamento, os cônjuges se tornam canais desse amor divino, ajudando-se mutuamente a crescer na fé e na virtude.

A santidade no matrimônio se manifesta especialmente no esforço constante de colocar o bem do outro em primeiro lugar. Isso exige renúncia, sacrifício e generosidade. O casal deve buscar sempre fortalecer sua união, cultivando a intimidade espiritual e emocional, e sendo fiel ao compromisso assumido diante de Deus. Viver a santidade no matrimônio é escolher o amor todos os dias, mesmo nos momentos de dificuldade.

c. A vida em família: um ambiente de santidade

A santidade no matrimônio também se expande para a vida familiar. O casal é chamado a ser um testemunho de fé e de amor cristão para seus filhos e para a sociedade. A família cristã, fundada sobre o matrimônio, é uma pequena "igreja doméstica", na qual o amor de Deus deve ser vivido e transmitido. É na vida familiar que os filhos aprendem os valores do Evangelho, que experimentam o amor incondicional e que se preparam para seguir o próprio caminho de santidade.

Viver a santidade na família significa educar os filhos na fé, criar um ambiente de respeito e harmonia, e demonstrar o amor de Cristo em todas as interações. A oração em família, a participação nos sacramentos e o serviço aos outros são formas concretas de viver essa santidade no lar. Como nos ensina o Papa Francisco, a família é o lugar em que se aprende a amar e a perdoar, e é nesse contexto que a santidade floresce.

d. A presença de Deus no matrimônio: fonte de força

Para que o casal viva a santidade no matrimônio, é fundamental que Cristo esteja no centro de sua vida conjugal. Quando o casal reza junto, busca os sacramentos e confia em Deus, encontra a força necessária para superar os desafios da vida a dois. A santidade não significa ausência de dificuldades, mas sim capacidade de enfrentá-las com fé e confiança em Deus.

Jesus nos disse: "Eu sou a videira, vós, os ramos. Quem permanece em mim, e eu nele, produz muito fruto" (Jo 15,5). O casal que permanece unido a Cristo dará muitos frutos, tanto em seu relacionamento quanto na criação de seus filhos e no testemunho que oferece ao mundo. A presença de Deus no matrimônio é a chave para a verdadeira santidade, pois é ele quem dá a graça necessária para amar, perdoar e perseverar.

e. O perdão como caminho de santidade

Uma das marcas mais profundas da santidade no matrimônio é a capacidade de perdoar. Todo relacionamento passa por momentos de conflito e tensão, mas o casal cristão é chamado a viver o perdão como parte essencial de sua jornada. O perdão restaura, cura e fortalece a união entre os cônjuges. Ele é um reflexo do amor misericordioso de Deus por nós.

Jesus nos ensina que devemos perdoar "setenta vezes sete" (Mt 18,22), ou seja, sempre. No matrimônio, o perdão é um ato de humildade e de amor, que permite ao casal continuar crescendo na santidade. O casal que perdoa e é capaz de pedir perdão experimenta a verdadeira paz e alegria que vêm de Deus.

f. O testemunho de santidade para o mundo

O casal que vive a santidade em seu matrimônio torna-se um poderoso testemunho para o mundo. Em uma sociedade que muitas vezes desvaloriza o compromisso e a fidelidade, o casal cristão que vive o amor de forma autêntica e sacrificial mostra que o matrimônio é um caminho de felicidade e plenitude.

O testemunho de santidade no matrimônio não é algo reservado apenas a grandes gestos, mas está nas pequenas atitudes diárias: na paciência, no cuidado mútuo, no respeito e na busca constante de Deus. O casal que vive a santidade em seu casamento ilumina o mundo ao seu redor e inspira outros a buscar também essa vida de graça e amor.

6. Sugestão

Podem-se convidar os casais para partilharem o que cada um vê no modo de agir do cônjuge que sinaliza sementes de santidade.

7. Dinâmica

Dons do Espírito Santo

O animador prepara uma mesa com velas e os dons do Espírito Santo. E motiva cada casal, após a leitura dos dons, a escolher um dom para si que neste momento mais necessita na sua caminhada em busca da santidade.

Texto complementar

O matrimônio cristão é um sacramento em que o Espírito Santo está presente, oferecendo ao casal graças especiais para viver o amor conjugal de maneira plena, fiel e transformadora. Deus nos concede os seus dons para nos fortalecer no caminho da santidade. Como podemos viver os dons do Espírito Santo na nossa vida matrimonial?

O dom da sabedoria na vida conjugal

A sabedoria é o dom que nos permite ver o mundo e o nosso relacionamento com os olhos de Deus. Na vida conjugal, a sabedoria nos ajuda a entender que o matrimônio é mais do que uma união emocional ou física; ele é uma vocação divina, um chamado para refletir o amor de Cristo pela Igreja. O casal que vive o dom da sabedoria aprende a priorizar o que realmente importa: o amor, o respeito mútuo, a fidelidade e o serviço a Deus. Com esse dom, o casal é capaz de discernir o que fortalece a sua união e o que pode enfraquecê-la, buscando sempre viver em harmonia e amor segundo os ensinamentos de Cristo.

O dom do entendimento no relacionamento do casal

O dom do entendimento nos permite penetrar nos mistérios da fé e aplicar essas verdades na vida cotidiana. No matrimônio, o entendimento ajuda o casal a compreender profundamente o significado do compromisso que assumiram diante de Deus. Esse dom nos permite perceber que o amor conjugal não é apenas um sentimento passageiro, mas um ato de vontade, uma decisão diária de amar, perdoar e servir. O entendimento também capacita o casal a enfrentar as dificuldades com mais clareza, compreendendo que as provações são oportunidades de crescimento e santificação. Com esse dom, os cônjuges conseguem perceber a presença de Deus em seu relacionamento, mesmo nos momentos de desafio.

O dom do conselho para tomar decisões conjuntas

Na vida conjugal, o casal toma decisões diariamente: sobre a criação dos filhos, sobre finanças, sobre questões de trabalho e sobre o futuro da família. O dom do conselho ajuda o casal a discernir qual é a vontade de Deus em cada situação, buscando sempre o bem comum e a harmonia no lar. O conselho também capacita os cônjuges a aconselharem-se mutuamente com sabedoria e discernimento. Quando o Espírito Santo guia suas decisões, o casal pode evitar o egoísmo, a impulsividade e os conflitos desnecessários, tomando decisões que fortalecem sua união e estão de acordo com o plano de Deus para suas vidas.

O dom da fortaleza para enfrentar as dificuldades

A vida conjugal, como qualquer caminhada de fé, é marcada por desafios e dificuldades. O dom da fortaleza capacita o casal a perseverar, mesmo nos momentos mais difíceis. Esse dom dá ao casal a coragem para enfrentar crises, doenças, problemas financeiros e outras provações, sem perder a esperança ou a confiança em Deus. A fortaleza nos ensina a lutar pelo casamento, a superar as diferenças e a trabalhar juntos para resolver os problemas. Com esse dom, o casal pode enfrentar as tempestades com fé, sabendo que Deus é sua força e sustento.

O dom da ciência para reconhecer a presença de Deus na família

O dom da ciência nos ajuda a ver a obra de Deus em tudo o que nos cerca. Na vida conjugal, esse dom nos permite reconhecer a presença de Deus na família, nas pequenas alegrias do cotidiano, no crescimento dos filhos, nas bênçãos que recebemos e até mesmo nos momentos de dificuldade. Com o dom da ciência, o casal aprende a valorizar os bens materiais de maneira equilibrada, reconhecendo que eles são dons de Deus, mas não o centro da vida. O foco do casal está em Deus, que é a fonte de todas as bênçãos, e em viver de acordo com sua vontade.

O dom da piedade para cultivar o amor a Deus e ao cônjuge

A piedade é o dom que nos leva a amar e reverenciar a Deus como nosso Pai. Na vida conjugal, esse dom nos ajuda a viver um amor profundo por Deus e a expressar esse amor no relacionamento com o cônjuge. O casal que vive o dom da piedade cultiva a oração em conjunto, participa dos sacramentos e busca sempre fortalecer sua vida espiritual. Esse dom também nos leva a amar o nosso cônjuge com um amor desinteressado e sacrificial, imitando o amor de Cristo. O casal que vive a piedade encontra na vida espiritual a força para superar as dificuldades e a graça para amar com um amor verdadeiro e generoso.

O dom do temor de Deus para viver em respeito e fidelidade

O temor de Deus não é um medo de punição, mas um profundo respeito e reverência por ele. No matrimônio, o temor de Deus nos ajuda a viver em fidelidade e respeito mútuo, reconhecendo que o nosso relacionamento é sagrado e que devemos prestar contas a Deus de como vivemos nosso amor conjugal. Com esse dom, o casal evita comportamentos que possam prejudicar a união, como a infidelidade, o desrespeito ou a falta de compromisso. O temor de Deus nos lembra que o matrimônio é uma vocação sagrada e que devemos viver de acordo com os mandamentos e o plano de Deus para nossas vidas.

Conclusão

Viver os dons do Espírito Santo na vida conjugal é um chamado a transformar o matrimônio em um caminho de santificação. Esses dons são fontes de graça que capacitam o casal a viver o amor de maneira plena, enfrentando os desafios com fé, buscando sempre a vontade de Deus e construindo um lar baseado nos valores do Evangelho.

Que possamos sair desta reflexão com a convicção de que todos somos chamados à santidade. E que possamos nos inspirar no amor de Cristo e buscar a santidade em nossa caminhada matrimonial, lembrando sempre que o verdadeiro amor é aquele que se sacrifica, se doa e busca a vontade de Deus em todas as coisas. Como nos ensina a Escritura: "Se o Senhor não constrói a nossa casa, em vão trabalharão os que a edificam" (Sl 127,1). Que o Senhor edifique nossas famílias e nos conduza sempre no caminho da santidade.

8. Propósito conjugal

Durante o mês, pedir com insistência um dos dons do Espírito Santo para seu matrimônio.

9. Vídeo

Santidade e perfeição – Pe. Fábio de Melo (https://youtu.be/NUQ_NSpQEWg)

10. Avaliação da reunião

Uma breve avaliação da reunião vivenciada:
– O que a reunião de hoje acrescentou na minha vivência matrimonial?
– Quais os propósitos que Deus inspirou para concretizarmos na nossa caminhada matrimonial?

11. Informações sobre aniversários, data da próxima reunião...

12. Oração final

Pai, Filho e Espírito Santo, em vós contemplamos a fonte do amor, da unidade e da paz. Em vosso nome nos reunimos para escutar e partilhar a Palavra. Despertai em todos nós a consciência do caráter sagrado da família e de sua beleza no vosso projeto. Dai-nos os dons do vosso Espírito Santo, pois foi vosso amor que nos uniu, e em vosso amor queremos crescer, permanecer e anunciar. Amém!

CAPÍTULO 5

Dois mundos que se encontram: vale a pena lutar?

O matrimônio é a junção de dois mundos diferentes;
se fossem iguais, não haveria complemento,
isto é comum-união!
(Pe. Eugênio Pacelli)

Mas, sobretudo,
distingui-vos pela caridade
que é o laço da união perfeita.
(Cl 3,14)

1. Integração, boas-vindas, refeição ou lanche

2. Música para pacificar o coração

3. Invocação do Espírito Santo e oração pelas intenções

4. Escuta da Palavra

(Cl 3,12-17)

¹²Por isso, revesti-vos de toda ternura, bondade, humildade, delicadeza e paciência, como escolhidos de Deus, seus santos muito amados. ¹³Suportai-vos uns aos outros. Perdoai-vos mutuamente, sempre que alguém der a outro motivo de queixa. Como o Senhor vos perdoou, assim também vós. ¹⁴Mas, sobretudo, distingui-vos pela caridade que é o laço da união perfeita. ¹⁵E a paz de Cristo reine em vossos corações, pois a ela fostes chamados para formar um só corpo. Enfim, vivei sempre agradecidos! ¹⁶Que a Palavra de Cristo habite copiosamente em vós. Ensinai-vos e admoestai-vos uns aos outros com toda a sabedoria. Agradecidos do fundo dos vossos corações, cantai louvores a Deus, com salmos, hinos e cânticos inspirados. ¹⁷E tudo que disserdes ou fizerdes, seja sempre em nome de Jesus, o Senhor, dando por ele graças a Deus Pai!
Palavra do Senhor!
Graças a Deus!

– Qual a frase que mais me tocou no texto lido?
– Quais os sentimentos que essa frase provoca em meu coração?
– Quais os apelos que o texto me faz?

5. Reflexão sobre o tema

Dois mundos que se encontram

Vamos refletir sobre o matrimônio como o encontro de dois mundos, uma união que é, ao mesmo tempo, mistério e desafio, bênção e oportunidade de crescimento. O matrimônio é um sacramento, uma aliança de amor que não apenas une duas pessoas, mas também as transforma. Ele é uma resposta ao chamado divino para que os esposos sejam, juntos, sinais visíveis do amor de Deus no mundo.

Quando pensamos no matrimônio como dois mundos que se encontram, percebemos que cada pessoa traz consigo uma história única, com valores, tradições e maneiras de enxergar a vida. Esse encontro não é apenas físico ou emocional, mas também profundo e espiritual. É o encontro entre duas almas que se comprometem a caminhar juntas, a crescer juntas e a construir uma vida comum baseada no amor, na fidelidade e na confiança.

Contudo, sabemos que essa união de dois mundos nem sempre é simples. O matrimônio exige entrega e renúncia, porque, ao unir duas pessoas, também se unem suas diferenças. Essas diferenças, no entanto, não são motivo de divisão, mas uma oportunidade de enriquecimento. Deus, em sua sabedoria, une os corações para que, juntos, possam complementar-se e construir algo maior do que o que poderiam sozinhos.

O que é necessário para que esses dois mundos convivam em harmonia? Em primeiro lugar, é fundamental o diálogo. O casal precisa estar disposto a ouvir, a compreender o ponto de vista do outro, a perceber que, embora pensem e sintam de forma diferente, o amor os chama à unidade. Jesus nos ensinou que o verdadeiro amor não busca o interesse próprio, mas se doa, se sacrifica e se coloca a serviço do outro.

Em segundo lugar, a paciência é essencial. Não é possível, num único instante, conciliar tudo o que cada um traz em si. O processo de ajuste entre dois mundos leva tempo. E esse tempo é uma oportunidade de aprendizado, de acolhimento das imperfeições e limitações do outro. O apóstolo Paulo nos lembra de que "o amor é paciente, o amor é bondoso" (cf. 1Cor 13,4). Essa paciência permite que o casal caminhe com humildade, reconhecendo suas fraquezas, mas também confiando na graça de Deus que os sustenta.

Por fim, a fé é o alicerce dessa união. Sem Deus no centro do matrimônio, os desafios se tornam mais pesados e o cansaço pode sobrepujar o amor. Quando o casal coloca Cristo como modelo, aprende a amar como ele amou: com entrega total, com perdão e com esperança.

É na fé que os esposos encontram a força para superar os obstáculos e a coragem para renovar o compromisso todos os dias.

Portanto, que possamos sempre lembrar que o matrimônio não é uma simples aliança humana, mas uma vocação divina. Quando dois mundos se encontram, o milagre da vida comum começa. E, com Deus, esses dois mundos, por mais diferentes que sejam, podem encontrar a harmonia perfeita, baseada no amor que tudo transforma. Que o Senhor abençoe todos os casais, dando-lhes a graça de viverem esse encontro com alegria, perseverança e fidelidade.

6. Partilha do tema

- O que foi mais significativo na leitura do texto?
- O que fazemos quando nossas diferenças se apresentam no dia a dia?
- Nossas diferenças são mais motivos de divisão ou complemento?

7. Propósito conjugal

Durante um mês, destacar de cada um suas qualidades e suas sombras e refletir o que nos une ou desune.

8. Vídeo

   Tênis ou frescobol? (https://youtu.be/JbeVQlIjRF4)

9. Avaliação da reunião

   Uma breve avaliação da reunião vivenciada:
   - O que a reunião de hoje acrescentou na minha vivência matrimonial?
   - Quais os propósitos que Deus inspirou para concretizarmos na nossa caminhada matrimonial?

10. Informações sobre aniversários, data da próxima reunião...

11. Oração final

    Deus, concedei-nos a serenidade para aceitar as coisas que não podemos mudar, a coragem para mudar as coisas que podemos e a sabedoria para discernir uma da outra. Vivendo um dia de cada vez, apreciando um momento de cada vez, recebendo as dificuldades como um caminho para a paz e, como Jesus, aceitando as circunstâncias do mundo como realmente são, e não como gostaríamos que fossem. Confiando que vós tudo fareis se nos entregarmos à vossa vontade, pois assim poderemos ser razoavelmente felizes nesta vida e supremamente felizes ao vosso lado na eternidade. Amém!

CAPÍTULO 6

Interferências familiares na vida do casal

É por isso que o homem deixará pai e mãe,
e se apegará à sua mulher, e serão uma só carne.
(Gn 2,24)

1. Integração, boas-vindas, refeição ou lanche

2. Música para pacificar o coração

3. Invocação do Espírito Santo e oração pelas intenções

4. Escuta da Palavra

    (Gn 2,21-24)
    ²¹Então Javé Deus fez cair sobre o homem um sono profundo, e este adormeceu. Tirou-lhe uma costela e fechou de novo a carne em seu lugar. ²²Da costela que tirou do homem, Javé Deus edificou uma mulher e a

apresentou ao homem. ²³O homem exclamou: "Desta vez, sim! É osso de meus ossos, e carne de minha carne! Esta se chamará Mulher, isto é, a humana, porque do homem foi tirada". ²⁴É por isso que o homem deixará pai e mãe, e se apegará à sua mulher, e serão uma só carne.
Palavra do Senhor!
Graças a Deus!

– Qual a frase que mais me tocou no texto lido?
– Quais os sentimentos que essa frase provoca em meu coração?
– Quais os apelos que o texto me faz?

5. Reflexão sobre o tema

Interferência familiar no casamento

Nossa reflexão quer abordar a importância do equilíbrio entre honrar a família e proteger a autonomia do matrimônio. As famílias têm um papel fundamental na formação e no apoio dos indivíduos, mas, quando o casal se une em matrimônio, forma uma nova família, que precisa de espaço e independência para crescer. A Bíblia e a doutrina da Igreja oferecem princípios valiosos sobre como equilibrar essas relações. Destacamos alguns pontos à luz do Evangelho.

a. O chamado à união exclusiva do casal

No livro do Gênesis, encontramos uma orientação clara sobre o início da vida conjugal: "É por isso que o homem deixará pai e mãe, e se apegará à sua mulher, e serão uma só carne" (Gn 2,24). Esse versículo destaca uma verdade fundamental para o casamento cristão: o casal, ao se unir pelo sacramento do matrimônio, forma uma nova unidade, distinta de suas famílias de origem. Essa nova unidade deve ser respeitada e protegida.

"Deixar pai e mãe" não significa abandonar ou desrespeitar os laços familiares, mas reconhecer que o casal precisa de autonomia para construir a própria história, tomar suas decisões e enfrentar os desafios da vida a dois. Qualquer interferência que enfraqueça essa nova unidade pode prejudicar o desenvolvimento saudável do relacionamento conjugal.

b. O respeito às fronteiras familiares

As famílias, especialmente pais e irmãos, muitas vezes têm boas intenções ao querer se envolver nas decisões e na vida de seus entes queridos após o casamento. No entanto, é essencial que os familiares respeitem as fronteiras naturais que o casamento cria. O casal precisa aprender a resolver os próprios problemas, tomar decisões juntos e amadurecer como parceiros.

A interferência excessiva, mesmo com boas intenções, pode causar tensão e desentendimentos entre os cônjuges. O equilíbrio entre o apoio familiar e a independência conjugal é vital. O casal deve buscar sabedoria para discernir quando aceitar conselhos e quando precisar afirmar a própria autoridade sobre suas vidas.

c. A importância do diálogo entre o casal

Quando surgem interferências familiares, o diálogo entre o casal se torna fundamental. As interferências externas, sejam elas opiniões, sejam expectativas ou pressões familiares, só terão efeito negativo no casamento se o casal não estiver unido em diálogo e compreensão. Jesus nos ensinou que "todo reino dividido contra si mesmo cairá em ruína" (cf. Mt 12,25), e isso também vale para o casamento.

O casal deve ser transparente um com o outro, compartilhando suas preocupações e sentimentos sobre as influências externas. O diálogo aberto e sincero é a chave para resolver conflitos antes que eles cresçam e para tomar decisões conjuntas que respeitem a relação conjugal e as necessidades das famílias de origem.

d. O papel das famílias de origem: apoio e respeito

Embora o casal deva buscar sua independência, as famílias de origem têm um papel importante de apoio. Os pais, irmãos e parentes podem ser uma fonte valiosa de conselhos e ajuda, especialmente em momentos de necessidade. No entanto, é fundamental que esse apoio seja oferecido com respeito à autonomia do casal. As famílias precisam reconhecer que, embora continuem amando e preocupando-se com seus filhos, eles agora têm as próprias responsabilidades e vida em comum.

Um exemplo de apoio familiar equilibrado é o de Maria, mãe de Jesus, nas Bodas de Caná. Quando ela percebeu que o vinho havia acabado, intercedeu junto a Jesus, mas deixou que ele tomasse a decisão (Jo 2,1-12). Da mesma forma, os familiares devem estar prontos para ajudar, mas sempre respeitando a liberdade e a liderança do casal em sua vida conjugal.

e. Os perigos das interferências exageradas

Interferências constantes podem criar desunião no casamento. Se um dos cônjuges permitir que sua família de origem tenha voz predominante nas decisões do casal, isso pode gerar ressentimento e conflitos. É necessário que ambos protejam a harmonia do casamento, estabelecendo limites saudáveis com suas famílias.

Além disso, permitir interferências constantes pode impedir o crescimento do casal. O matrimônio é um caminho de aprendizado mútuo, ao longo do qual o casal deve enfrentar desafios juntos, confiar em Deus e crescer em maturidade. Se as decisões sempre forem tomadas por terceiros, o casal perde a oportunidade de fortalecer sua união e fé.

f. O papel da fé no fortalecimento do casal

A fé desempenha um papel essencial em manter o casal unido, especialmente quando surgem interferências familiares. Quando o casal está alicerçado em Cristo, eles encontram sabedoria e força para enfrentar as dificuldades. A oração em comum, a participação nos sacramentos e a leitura da Palavra de Deus fortalecem o casal e o ajudam a discernir a vontade de Deus para sua vida.

O casal deve lembrar que, acima de qualquer influência externa, sua união foi abençoada por Deus. Eles são chamados a viver em harmonia, amor e respeito mútuo. Cristo deve ser o centro do casamento, e é nele que o casal encontra a força para superar qualquer interferência que possa prejudicar sua relação.

g. Honrar pai e mãe, mas viver a nova realidade conjugal

O quarto mandamento nos ensina a "honrar pai e mãe", e esse mandamento continua válido mesmo após o casamento. No entanto, honrar pai e mãe não significa permitir que eles dirijam a vida do casal. O respeito aos pais e familiares deve ser equilibrado com o respeito à nova família que foi formada no matrimônio.

Os cônjuges são chamados a cuidar de suas famílias de origem com amor, mas também a proteger a santidade e a unidade de seu casamento. Ao equilibrar essas duas realidades, o casal consegue viver em paz, sem romper os laços familiares, mas também sem comprometer a sua relação conjugal.

Portanto, as interferências familiares na vida do casal são uma realidade comum, mas precisam ser tratadas com sabedoria, respeito e amor. O casal deve proteger sua união, estabelecendo limites saudáveis e mantendo um diálogo constante. As famílias de origem, por sua vez, devem ser fontes de apoio, mas sempre respeitando a nova realidade conjugal. Que os casais possam sempre encontrar em Cristo a força para permanecer unidos e que as famílias possam apoiar essa união com amor e respeito.

– Como me sinto diante da reflexão lida? Com o que concordo ou discordo?

- Já passamos por alguma interferência familiar no nosso relacionamento? Como nos comportamos diante dela?
- Quais lições podemos tirar desta reflexão?

6. Propósito conjugal

O que podemos fazer diante das interferências internas e externas no seu relacionamento?

7. Vídeo

A influência da família na vida conjugal (httpps://youtu.be/ IgTlqZ82Mpc)

8. Avaliação da reunião

Uma breve avaliação da reunião vivenciada:
- O que a reunião de hoje acrescentou na minha vivência matrimonial?
- Quais os propósitos que Deus inspirou para concretizarmos na nossa caminhada matrimonial?

9. Informações sobre aniversários, data da próxima reunião...

10. Oração final

    Senhor, ajudai-nos a compartilhar a vida como verdadeiro casal, esposo e esposa; que saibamos dar um ao outro o que temos de melhor em nós, que nos aceitemos e nos amemos como somos com as riquezas e limitações que temos. Que cresçamos juntos, sendo caminho um para o outro; saibamos carregar o fardo um do outro, encorajando-nos a crescer sempre no mútuo amor. Sejamos um para o outro: nossos melhores pensamentos, nossas melhores ações, nosso melhor tempo e nossas melhores atenções. Encontremos um no outro a melhor companhia. Senhor, que o amor que vivemos seja a grande experiência do vosso amor. Cresça, Senhor, em nós, a mútua admiração e atração, a ponto de nos tornarmos um só: no pensar, no agir e no conviver. Para que isso aconteça, estejais vós entre nós. Seremos, então, eternos enamorados. Amém!

CAPÍTULO 7

O poder da oração conjugal

Porque, onde estão dois ou três reunidos
em meu nome, eu estou lá entre eles.
(Mt 18,20)

1. Integração, boas-vindas, refeição ou lanche

2. Música para pacificar o coração

3. Invocação do Espírito Santo e oração pelas intenções

4. Escuta da Palavra

    (Mt 7,7-8;18,19-20)
    ⁷Pedi e vos será dado, procurai e achareis, batei na porta e ela se abrirá para vós. ⁸Porque todo aquele que pede, recebe. O que procura, acha. A quem bate, se abrirá a porta.

¹⁹Eu vos repito: se dois dentre vós na terra se puserem de acordo para pedir seja qual for a coisa, esta lhes será concedida por meu Pai que está nos céus. ²⁰Porque, onde estão dois ou três reunidos em meu nome, eu estou lá entre eles.
Palavra da Salvação!
Glória a vós, Senhor!

– Qual a frase que mais me tocou no texto lido?
– Quais os sentimentos que essa frase provoca em meu coração?
– Quais os apelos que o texto me faz?

5. Reflexão sobre o tema

   O poder da oração conjugal
   Vamos destacar na nossa reflexão a importância da oração em conjunto como uma prática essencial para o fortalecimento da vida matrimonial.

   a. Unidade no casamento

   A oração em conjunto une o casal de maneira profunda, permitindo que ambos compartilhem não só suas preocupações e anseios, mas também os propósitos de vida. Assim como diz o Evangelho segundo Mateus 18,19, "se dois dentre vós na terra se puserem de acordo para pedir seja qual for a coisa, esta lhes será concedida por meu Pai que está nos céus". A oração é uma forma de alcançar essa unidade espiritual.

b. Fortalecimento nos momentos difíceis

O casamento enfrenta diversos desafios, e a oração fortalece o casal diante das adversidades. Ao orarem juntos, os cônjuges reconhecem a necessidade de buscar a ajuda divina e depositar suas dificuldades nas mãos de Deus. É um ato de humildade e confiança.

c. Perdão e reconciliação

A oração cria espaço para o perdão e a reconciliação. Quando os casais rezam juntos, eles também pedem a Deus que os ajude a perdoar um ao outro e a cultivar a paciência e o amor incondicional. A oração promove um espírito de reconciliação que é essencial em momentos de conflito.

d. Presença de Deus no lar

A prática regular da oração conjugal convida a presença de Deus para o centro da vida familiar. Isso fortalece a harmonia, o respeito e a compreensão entre os cônjuges e cria um ambiente no qual os filhos também aprendem a importância da fé e da oração.

e. Crescimento espiritual

Assim como a oração individual nutre a vida espiritual de uma pessoa, a oração conjugal fortalece a espiritualidade do casal. Ela é uma oportunidade para que ambos cresçam juntos na fé, compartilhem sua jornada espiritual e renovem constantemente seu compromisso com Deus e de um com o outro.

f. Oração como forma de gratidão

Não apenas em momentos de dificuldade, mas também para agradecer as bênçãos, a oração conjunta permite que o casal reconheça as dádivas que recebem ao longo da vida, como o dom do matrimônio, da família e da saúde.

Portanto, a oração conjugal é um meio poderoso de transformar o relacionamento, fortalecendo a unidade do casal e convidando Deus a estar no centro de todas as decisões e momentos importantes. Ao praticá-la, os cônjuges crescem no amor, na fé e no respeito mútuo, e seu casamento se torna um testemunho vivo do amor de Cristo pela Igreja. Que possamos sair desta reunião com a convicção

de fazer da oração uma prática diária e essencial para a caminhada matrimonial.
- Qual a importância que vocês dão, como casal, à oração conjugal entre vocês?
- Há hábitos entre vocês de rezarem juntos?
- Vocês podem falar sobre o que já vivenciaram praticando a oração conjugal?
- Quais as dificuldades na prática da oração conjugal?

6. Propósito conjugal

Intensificar durante o mês a oração conjugal, a partir da qual cada um entrega ao senhor os sonhos e as realizações do outro.

7. Vídeo

Papa Francisco (https://youtu.be/UZ_OkoKr6no)

8. Avaliação da reunião

Uma breve avaliação da reunião vivenciada:
- O que a reunião de hoje acrescentou na minha vivência matrimonial?
- Quais os propósitos que Deus inspirou para concretizarmos na nossa caminhada matrimonial?

9. Informações sobre aniversários, data da próxima reunião...

10. Oração final

Senhor, sabemos que não vamos sós. Vós sois nosso companheiro de viagem, escondido no cotidiano da vida, a iluminar o caminho, a aquecer os corações, repartindo o pão da Palavra e o pão nosso de cada dia. Sabemos que nos esperam surpresas; serão exigências e outras tantas oportunidades. Convosco a nosso lado e em nós, sabemos que vamos seguros. Nos momentos bons queremos louvar-vos e agradecer-vos, nos difíceis queremos pedir-vos: "Socorrei-nos, Senhor!". Para sempre, nós vos queremos como pastor do nosso amor, guia seguro dos nossos sonhos e projetos, estrela luminosa que nos aponta o caminho, astro luminoso a projetar esperança e alegria em cada hora. Ao meio-dia da vida, ou no entardecer da existência, ficai conosco, Senhor Jesus. Glória ao Pai, ao Filho e ao Espírito Santo. Como era no princípio, agora e sempre. Amém!
Nossa Senhora, Rainha das Famílias, rogai por nós!

11. Roteiro para oração conjugal

    a. **Procurar um lugar e uma posição que os ajudem a rezar**

    Tomar consciência da presença de Deus entre vocês. Agora somos três... Trindade.

b. Invocar o Espírito Santo

Vinde, Espírito Santo, enchei os corações dos vossos fiéis e acendei neles o fogo do vosso Amor. Enviai o vosso Espírito, e tudo será criado, e renovareis a face da terra.

Oremos: Ó Deus, que instruístes os corações dos vossos fiéis com a luz do Espírito Santo, fazei que apreciemos retamente todas as coisas segundo o mesmo Espírito e gozemos sempre de sua consolação. Por Cristo Senhor Nosso. Amém!

Esposa ou esposo: Espírito Santo de Deus, rezai em nós e conosco neste momento. Abri os nossos corações para acolhermos a presença de Deus entre nós. Pacificai nosso coração e nossos pensamentos. Fazei de nossa casa um templo vivo de vossa morada. O vosso amor nos uniu e a vossa presença nos fortalece e nos renova.

c. Escutar e refletir o que Deus lhes fala através do Profeta Jeremias 29,11-13

[11]Pois conheço bem os desígnios que nutro a vosso respeito – oráculo de Javé –, desígnios de ventura e não de desgraça, reservando-vos um futuro cheio de esperança.

¹²Então, quando me invocardes e vierdes suplicar-me, eu vos atenderei; ¹³quando me procurardes, encontrar-me-eis porque me procurareis de todo o coração.

d. Conversando entre nós com Jesus

Esposa: Jesus, vós que dissestes: "Onde dois ou mais estiverem reunidos em Meu nome, entre eles estarei". Em vosso nome nos reunimos como casal e sentimos pela fé vossa presença entre nós. Entrego-vos neste momento as preocupações, os projetos, a vida de meu esposo (pode-se nomear algum dos pontos acima). Sob vossa proteção nos colocamos. Ficai sempre conosco, Senhor!

Esposo: Jesus, vós que dissestes: "Onde dois ou mais estiverem reunidos em Meu nome, entre eles estarei". Em vosso nome nos reunimos como casal e sentimos pela fé vossa presença entre nós. Entrego-vos neste momento as preocupações, os projetos, a vida de minha esposa (pode-se nomear algum dos pontos acima). Sob vossa proteção nos colocamos. Ficai sempre conosco, Senhor!

Obs.: Se tiverem filhos, podem mencioná-los ou incluí-los no momento da oração.

CAPÍTULO 8

Amor e perdão: uma feliz combinação

Como o Senhor vos perdoou,
assim também vós.
(Cl 3,13)

1. Integração, boas-vindas, refeição ou lanche

2. Música para pacificar o coração

3. Invocação do Espírito Santo e oração pelas intenções

4. Escuta da Palavra

   (Cl 3,12-17)
   ¹²Por isso, revesti-vos de toda ternura, bondade, humildade, delicadeza e paciência, como escolhidos de Deus, seus santos e muito amados. ¹³Suportai-vos uns aos outros. Perdoai-vos mutuamente, sempre que alguém der

a outro motivo de queixa. Como o Senhor vos perdoou, assim também vós. ¹⁴Mas, sobretudo, distingui-vos pela caridade que é o laço da união perfeita. ¹⁵E a paz de Cristo reine em vossos corações, pois a ela fostes chamados para formar um só corpo. Enfim, vivei sempre agradecidos! ¹⁶Que a Palavra de Cristo habite copiosamente em vós. Ensinai-vos e admoestai-vos uns aos outros com toda a sabedoria. Agradecidos do fundo dos vossos corações, cantai louvores a Deus, com salmos, hinos e cânticos inspirados. ¹⁷E tudo que disserdes ou fizerdes, seja sempre em nome de Jesus, o Senhor, dando por ele graças a Deus Pai!
Palavra do Senhor!
Graças a Deus!

— Qual a frase que mais me tocou no texto lido?
— Quais os sentimentos que essa frase provoca em meu coração?
— Quais os apelos que o texto me faz?

5. Reflexão sobre o tema

Amor e perdão: por que gritamos?
Antes de entrarmos na reflexão do tema, vamos contar um conto. O título é "Por que gritamos?".

Certo dia, um simpático e sábio ancião estava conversando com seus netos à beira de um rio. Na outra margem, havia uma família fazendo piquenique. De repente, os membros daquela família começaram a discutir raivosamente, gritando uns com os outros. O avô sábio virou-se para os netos e perguntou: "Por que as pessoas gritam umas com as outras quando estão com raiva?". Os netos pensaram um pouco. Um deles disse: "Porque, quando perdemos a calma, sempre gritamos". "Mas por que gritar, se a outra pessoa está ali, ao seu lado? Você poderia dizer o que tem a dizer de forma suave", retrucou o avô. Cada neto tentava dar as suas respostas, mas nenhuma satisfazia os demais. Finalmente, o sábio avô explicou: "Quando duas pessoas estão com raiva uma da outra, os seus corações se distanciam. Para cobrir essa distância, elas têm que gritar, para que uma consiga escutar a outra. Quanto mais raiva elas têm, mais forte elas gritam para cobrir essa distância". E complementou: "Mas o que acontece quando duas pessoas estão apaixonadas? Elas não gritam uma com a outra! Elas falam baixinho, porque os seus corações estão próximos! A distância entre elas é muito pequena. E, à medida que elas se amam ainda mais intensamente, o que acontece? Elas não falam, apenas sussurram! E vão ficando ainda mais próximas uma da outra. Chega um ponto em que elas não precisam sequer sussurrar: basta apenas se olharem". O sábio ancião propôs, então, aos netos: "Quando vocês discutirem, não deixem o seu coração se afastar. Não digam palavras que distanciem vocês uns dos outros. Pode chegar um dia em que a distância seja tão grande que vocês não achem mais o caminho do reencontro".

Amor e perdão: uma feliz combinação

Amor e perdão são dois pilares fundamentais que sustentam o matrimônio cristão. O amor e o perdão são a base de qualquer relacionamento duradouro, e, no matrimônio, eles ganham uma dimensão ainda mais profunda, pois o casal é chamado a viver um amor que reflete o amor de Cristo pela Igreja.

O matrimônio é, acima de tudo, um sacramento de amor. O amor entre marido e mulher é chamado a ser uma expressão visível do amor de Deus. No sacramento do matrimônio, os esposos não apenas se amam mutuamente, mas também se tornam sinal do amor de Cristo no mundo.

Em Efésios 5,25-28, São Paulo nos ensina que os maridos devem amar suas esposas como Cristo amou a Igreja, e que as esposas devem respeitar seus maridos. Esse amor não é baseado apenas no sentimento, mas é um amor de doação, sacrifício e serviço. É um amor que busca o bem do outro, que coloca as necessidades do cônjuge acima das próprias, e que é fiel em todas as circunstâncias.

Viver esse amor no casamento significa estar disposto a servir, a ouvir, a apoiar e a caminhar juntos, mesmo nos momentos difíceis. O amor verdadeiro no matrimônio é aquele que se manifesta no cuidado diário, nas pequenas e grandes decisões, e no compromisso de construir uma vida juntos baseada na fé e no respeito mútuo.

Assim como o amor é a base do matrimônio, o perdão é a cola que mantém o relacionamento forte e unido. O perdão é uma das expressões mais profundas do amor cristão, porque reflete o amor misericordioso de Deus. No casamento, em que duas pessoas imperfeitas se unem, o perdão é inevitável e essencial para a saúde do relacionamento.

Jesus nos ensina sobre o perdão de forma muito clara no Evangelho segundo Mateus 18,21-22, quando diz a Pedro que devemos perdoar "setenta vezes sete". Isso significa que o perdão deve ser ilimitado e contínuo, assim como o amor de Deus por nós.

No matrimônio, haverá momentos de conflito, desentendimento e feridas. É natural que, em um relacionamento tão íntimo, as falhas aconteçam. No entanto, a chave para um matrimônio duradouro não é a ausência de conflitos, mas a capacidade de perdoar e superar juntos essas dificuldades. O perdão não é esquecer ou ignorar a dor, mas é um ato de amor que busca a reconciliação e a cura.

Quando o cônjuge perdoa, ele imita o coração de Deus, que está sempre disposto a acolher, a perdoar e a restaurar. O perdão no casamento não é uma fraqueza, mas uma força que permite ao casal superar obstáculos e crescer em unidade e santidade.

Ao longo do tempo, o perdão no matrimônio não apenas cura feridas, mas também fortalece o amor. Cada vez que um cônjuge perdoa o outro, o vínculo de confiança e respeito se torna mais profundo. O perdão nos ensina a sermos humildes, a reconhecer nossas falhas e a acolher o outro com compaixão.

Quando praticamos o perdão, abrimos espaço para o crescimento e a renovação do amor conjugal. O perdão remove o ressentimento, o rancor e a amargura, permitindo que o amor floresça de forma mais plena. Além disso, ao perdoar, o casal testemunha o poder transformador do amor de Deus em suas vidas.

O Papa Francisco frequentemente fala sobre a importância de usar três expressões no matrimônio: "por favor", "obrigado" e "desculpa". Essas palavras simples são expressões de amor e perdão no dia a dia. O pedido de desculpa e o ato de perdoar não devem ser adiados ou evitados, mas devem ser práticas constantes na vida de um casal que busca viver segundo os ensinamentos de Cristo.

O amor e o perdão andam juntos e são a chave para a paz no matrimônio. Quando o amor verdadeiro está presente, o perdão flui com mais facilidade. Um casal que vive o amor de Cristo em seu relacionamento é mais capaz de perdoar, porque entende que o amor busca não o próprio interesse, mas sim o bem do outro (1Cor 13,5).

O perdão cria um ambiente de paz, confiança e segurança dentro do casamento. Quando os cônjuges sabem que, apesar de suas falhas, serão acolhidos com misericórdia e perdão, eles se sentem mais livres para serem vulneráveis e autênticos. Essa confiança mútua fortalece a união e torna o casamento um lugar de verdadeira comunhão.

Além disso, o perdão e o amor no casamento são uma forma poderosa de testemunho cristão no mundo. Em uma sociedade na qual o individualismo e a falta de compromisso são comuns, um casal que vive o amor e o perdão torna-se um sinal visível do amor de Deus. Eles mostram ao mundo que é possível viver um relacionamento fiel, duradouro e cheio do sabor e da presença de Deus. Seremos conhecidos por sermos seguidores de Jesus pela nossa capacidade de amar e perdoar.

6. Momento de partilha

O que este tema nos ajuda no nosso relacionamento matrimonial? Como está nossa capacidade de dar e de pedir perdão?

7. Vídeo

Perdão – Thiago Rodrigo (https://youtu.be/4s4jtVn8bjI)

8. Avaliação da reunião

Uma breve avaliação da reunião vivenciada:
– O que a reunião de hoje acrescentou na minha vivência matrimonial?
– Quais os propósitos que Deus inspirou para concretizarmos na nossa caminhada matrimonial?

9. Informações sobre aniversários, data da próxima reunião...

10. Oração final

Deus bom e misericordioso, em nome do vosso Filho Jesus, dai-nos sempre a restauração de nosso matrimô-

nio. Que consigamos nos perdoar como esposo e esposa. Senhor Jesus, libertai-nos de todas as mágoas passadas, atitudes e sentimentos errados; pois sei que pelo poder do vosso Nome tudo é possível. Não importa se estamos cansados, com o coração dolorido e machucado pelos acontecimentos em nosso relacionamento, pois o Espírito Santo renova todas as coisas. Maria e José, que vivestes a fidelidade no matrimônio, intercedei por nós. Senhor, renovai o amor e a esperança no nosso coração, para que, fortalecidos, nos confiemos à vossa vitória e tenhamos uma família feliz e obediente ao Senhor. Amém!

CAPÍTULO 9

A importância de sentar-se à mesa

> À mesa, ele tomou o pão e, recitando a
> fórmula da bênção, o partiu e distribuiu
> entre eles. Então é que os seus olhos se
> abriram e eles o reconheceram...
> (Lc 24,30-31)

1. Integração, boas-vindas, refeição ou lanche

2. Música para pacificar o coração

3. Invocação do Espírito Santo e oração pelas intenções

4. Escuta da Palavra

    (Mt 26,26-28)
    ²⁶Ora, durante a ceia, Jesus tomou o pão e, tendo dito a fórmula da bênção, partiu-o e o distribuiu aos seus

*discípulos, dizendo: "Tomai, comei. Isto é o meu corpo".
²⁷Em seguida, tomando o cálice, deu graças e o entregou, dizendo: "Bebei todos dele, ²⁸porque este é o meu sangue, o sangue da Aliança, que vai ser derramado por muitos para a remissão dos pecados."*
Palavra da Salvação!
Glória a vós, Senhor!

5. Reflexão sobre o tema

A importância de sentar-se à mesa

Sentar-se à mesa é muito mais do que simplesmente comer. É um ato de comunhão, de partilha e de celebração da vida. É um convite para nos unirmos em torno da mesa e para fortalecermos a nossa comunhão com Deus e com os nossos irmãos em Cristo. Por isso, ao nos sentarmos à mesa para fazer as nossas refeições, é importante lembrarmos o significado que esse ato tem na Bíblia.

Estar junto à mesa é um momento para agradecermos pelas bênçãos que recebemos, para compartilharmos com aqueles que estão ao nosso redor, para acolhermos e para lembrarmos o amor de Deus por todos nós.

Ao redor da mesa, Jesus celebrou a ceia com os discípulos. Mesmo sabendo que Judas o trairia, não o privou daquele momento, aproveitando o ensejo para ensinar que a mesa é um lugar de acolhimento. O Filho de Deus estava sempre cercado por um grupo, fosse grande ou pequeno, e utilizava elementos comuns à mesa daquele tempo para ilustrar ensinamentos simples e profundos. Nos evangelhos há diversas narrativas de refeições que Jesus fez com seus amigos e com todos que o convidavam. Ele nunca se recusou a participar de uma refeição para a qual era convidado. Para Jesus, a refeição era um espaço de partilha, de conhecimento, de união e de crescimento na fé, isto é, um espaço sagrado.

A vida moderna, os excessos de compromissos, a falta de tempo e também a negligência têm sido os grandes responsáveis pela perda da qualidade em nossa vida familiar. Abandonamos hábitos simples, esquecemos valores fundamentais na vida familiar, como sentar-se à mesa. O valor e os benefícios obtidos durante a hora das refeições em família não têm preço. Trata-se de um momento santo, um momento de ensinar e aprender, de compartilhar não somente o alimento, mas também as boas conversas, a comunhão e os momentos inesquecíveis, que trarão crescimento e serão lembrados para sempre. Ela é o local onde os valores familiares serão incutidos. É dela que sairão pessoas fortes e sadias para enfrentar o mundo.

À mesa usamos os cinco sentidos (tato, olfato, visão, audição e paladar) e, por isso, estamos tão abertos. Também quando estamos sentados à mesa impera a igualdade: estamos lado a lado, frente a frente, todos na mesma altura, olho no olho.

O Papa Francisco tratou desse tema em uma de suas catequeses[1]. Seguem abaixo alguns trechos:

Queridos irmãos e irmãs,
Hoje vamos refletir sobre uma qualidade característica da vida familiar que se aprende desde os primeiros anos de vida: o convívio, ou seja, a atitude de partilhar os bens da vida e de ficar feliz de poder fazer isso. Partilhar e saber partilhar é uma virtude preciosa! O seu símbolo, o seu "ícone", é a família reunida em torno da mesa doméstica. A partilha do alimento – e portanto, além disso, também dos afetos, dos relatos, dos acontecimentos... – é uma experiência fundamental.
O convívio é um termômetro seguro para mensurar a saúde das relações: se em família há algo que não está bem, ou qualquer ferida escondida, à mesa se entende logo. Uma família que quase nunca come junto, ou em cuja mesa não se fala, mas se olha para a televisão ou para o smartphone, é uma família "pouco família".

---

1. Cf. <https://noticias.cancaonova.com/especiais/pontificado/francisco/catequese/catequese-do-papa-sobre-o-convivio-familiar-111115/>, acesso em: 09 jan. 2025. (N. do E.)

Hoje muitos contextos sociais colocam obstáculos ao convívio familiar. É verdade, hoje não é fácil... Rezemos para que esse convívio familiar possa crescer e amadurecer no tempo de graça do próximo Jubileu da Misericórdia.

Significados do comer em família

- Bem-estar físico, emocional e espiritual.
- Aprendizado mútuo.
- Momento de alegria.
- Oportunidade de elogio e incentivos.
- Momento de conquistar os corações.

Sugestões para o início da prática em família

- Compre pratos coloridos.
- Toalha bonita.
- Tire dos armários as louças e copos. Não espere a ocasião especial. Sua família é especial. Viva o hoje!
- Não espere ter uma família perfeita, nem mesmo feliz, para sentar-se à mesa.
- Não espere seus filhos chegarem, mas garanta esse hábito saudável agora.

6. Momento de partilha

O que este tema nos ajuda no nosso relacionamento matrimonial?

7. Propósito conjugal

Durante o mês, preparar um jantar bem especial para ser partilhado com o grupo e outro somente para o casal.

8. Texto de conclusão

Família é prato difícil de preparar
(Baseado na obra *O arroz de palma*, de Francisco Azevedo. Rio de Janeiro: Record, 2008.)
Família é comparável a um prato de difícil preparação. Seja pela quantidade de ingredientes, seja pela dificuldade de encontrá-los. De fato, cada membro da família é um "ingrediente" único e, como se sabe, nem sempre é fácil reunir todos juntos: Natal e Ano-Novo às vezes são ocasiões em que essa dificuldade vem à tona, tanto para a preparação dos pratos, quanto para a reunião da família. Nem sempre é importante a qualidade da panela: às vezes as mais baratas, ou as mais usadas, são as melhores para realçar o sabor. O fato é que "fazer" uma família exige

devoção, paciência e muita coragem. Não é para qualquer um. Assim como em uma cozinha, muitas vezes é necessário que haja o "pulo do gato", aquele truque, que facilita o preparo do "prato-família"; os segredos de uma receita são comparáveis àqueles segredos que toda família tem e que, em um sentido mais positivo, ajudam a fortalecer os laços. É verdade, há também o fator do imprevisível, o "salgar demais", o deixar "tempo demais no fogo". No entanto, sempre há a dica de alguém que ajuda a recuperar o sabor desandado: quem nunca colocou uma batata crua em um ensopado para diminuir a quantidade de sal ao paladar? Mesmo assim, às vezes, dá realmente vontade de desistir. *"Preferimos o desconforto do estômago vazio. Vêm a preguiça, a conhecida falta de imaginação sobre o que se vai comer e aquele fastio. Mas a vida (azeitona verde no palito) sempre arruma um jeito de nos entusiasmar e abrir o apetite".*

Para que uma receita fique boa, é preciso pôr a mão na massa. Há tanto trabalho a se fazer. Dependendo do prato, a primeira coisa a ser feita é separar o alho, a cebola e o azeite. Quem nunca chorou picando uma cebola? De fato, *"família é prato que emociona. E a gente chora mesmo. De alegria, de raiva ou de tristeza".* Mas para que o gosto fique bom são necessários mais temperos: *"temperos exóticos alteram o sabor do parentesco. Mas, se misturados com delicadeza, essas especiarias, que quase sempre vêm da África e do Oriente e nos parecem estranhas ao paladar, tornam a família muito mais colorida, interessante e saborosa".*

A preparação da receita continua: uma pitada disto, uma colherinha daquilo... cuidado com o cominho! Embora haja aqueles que adoram, há sempre alguém que não gosta desse tempero e que, só de ouvir nome ou sentir o cheiro, começa a suar frio! Mas é assim, a *"família é prato extremamente sensível".* Necessita de atenção. Nesse sentido, é sempre de bom tom se informar antes se há restrições a determinados ingredientes por parte de alguém e, na medida do possível, evitá-los. Nem todo mundo pode com pimenta, cominho, alho... Nem sempre tudo cai bem, mas em nome da harmonia vale a pena deixar de lado uma coisa ou outra. Além disso, não basta ter os ingredientes certos: é muito importante saber meter a colher, isto é, conhecer a ordem da mistura dos temperos, a quantidade de exposição ao calor, saber o ponto por meio do giro da colher... ou seja: é preciso "meter a colher"; e meter a colher *"é verdadeira arte: uma grande amiga minha desandou a receita de toda a família só porque meteu a colher na hora errada".*

Que delícia quando nas grandes festas cada um traz sua receita, seu prato para colocar em comum: assim aprendemos que há tantas receitas, diferentes; há aquelas que são doces, apimentadas; outras são agridoces, há também receitas quentes, frias... Uma coisa é certa: não há uma receita para uma família perfeita, *"não existe Família à Oswaldo Aranha; Família à Rossini; Família à Belle Meunière; Família ao Molho Pardo, em que o sangue é fundamental para o preparo da iguaria. Família é afinidade, é 'à Moda da Casa'. E cada casa gosta de preparar a família a seu jeito".*

De fato, ao longo da vida encontramos famílias que são um doce; há outras que estão mais para um acarajé bem apimentado. Há também famílias que parecem água mineral: não têm gosto de nada... e há outras ainda que se assemelham a jiló, de tão amargas que são. Por fim há o *"tipo de Família Dieta, que você suporta só para manter a linha. Seja como for, família é prato que deve ser servido sempre quente, quentíssimo. Uma família fria é insuportável, impossível de se engolir".*

E quando se está em família, que delícia é comer! Não precisamos ter as amarras da etiqueta: como é bom passar um pãozinho no prato para comer aquele molho delicioso! É realmente preciso aproveitar ao máximo, pois *"família é prato que, quando se acaba, nunca mais se repete".*

"O correr da vida embrulha tudo, a vida é assim: esquenta e esfria, aperta e daí afrouxa, sossega e depois desinquieta. O que ela quer da gente é coragem" (Guimarães Rosa, *Grande Sertão: Veredas*).

9. Informações sobre aniversários, data da próxima reunião...

10. Oração final

Pai, Filho e Espírito Santo, em vós contemplamos a fonte do Amor, da Unidade e da Paz. Em vosso nome nos reunimos para escutar e partilhar a Palavra. Somos família em oração. Fazei de nossos lares lugar de comunhão, escola do Evangelho e autênticas igrejas domésticas. Queremos mostrar ao mundo a beleza do matrimônio e da alegria de viver uma fé no amor e no serviço. Despertai em todos nós a consciência do caráter sagrado da família e de sua beleza no projeto de Deus. Vosso Amor nos uniu, e nele queremos crescer, permanecer e anunciar. Amém!

CAPÍTULO 10

Retrospectiva

Em todas as circunstâncias,
dai graças
(1Ts 5,18)

1. Integração, boas-vindas

2. Música para pacificar o coração

3. Invocação do Espírito Santo e oração pelas intenções

4. Escuta da Palavra

(Mt 13,3-9)
³E ensinou-lhes muita coisa em parábolas. Ele dizia: "Saiu certo semeador a semear. ⁴Quando semeava, caíram grãos pelo caminho, vieram as aves do céu e os comeram. ⁵Outros caíram em terreno pedregoso, onde não havia muita terra, e logo germinaram, porque a

terra não era profunda; ⁶mas, nascendo o sol, foram queimados pelo calor, e, não tendo grandes raízes, secaram. ⁷Outros ainda caíram por entre os espinheiros. Estes cresceram e os sufocaram. ⁸Outros, por fim, caíram em boa terra, e produziram frutos, uns na base de cem, outros de sessenta e outros de trinta grãos por um. ⁹Quem tiver ouvidos, que escute bem!".
Palavra da Salvação!
Glória a vós, Senhor!

5. Reflexão sobre a Palavra

A parábola do semeador oferece uma rica oportunidade para refletirmos sobre o nosso coração e a nossa resposta à Palavra de Deus e tudo que vivenciamos neste ano. Cada terreno simboliza um tipo de coração ou disposição espiritual. Em qual terreno caiu a semente das reflexões que vivemos neste ano?

1. *O terreno à beira do caminho*: Simboliza corações fechados, insensíveis ou distraídos, que não permitem que a Palavra penetre profundamente. Muitas vezes, a "beira do caminho" é um lugar de movimento constante e superficialidade.
2. *O terreno pedregoso*: Representa aqueles que recebem a Palavra com entusiasmo, mas que desistem

facilmente diante dos desafios. Falta-lhes profundidade espiritual para sustentar a fé.
3. *O terreno com espinhos*: Esse solo nos alerta sobre as distrações e os excessos que sufocam nosso relacionamento com Deus. Mesmo aqueles que têm boa intenção podem permitir que as preocupações materiais e os prazeres efêmeros ocupem o lugar central de suas vidas.
4. *O terreno bom*: Esse solo simboliza corações preparados para receber a Palavra e dar frutos através da obediência, do amor ao próximo e do testemunho de vida.

Em qual terreno do seu coração caíram as sementes que foram germinadas durante o ano em nossas reuniões? Que frutos deram no seu matrimônio?

6. Reflexão sobre o tema: retrospectiva

Como diz a canção, "cada um por um caminho veio, e hoje estamos todos juntos, guiados pelo Espírito de Deus". Cada um de nós caminha pela vida como se fosse um viajante que percorre uma estrada. Deus nos oferece o livre-arbítrio para escolher o caminho a seguir, mas nos proporciona *encontros*, que nos proporcionam *amizades,* que nos proporcionam *alegrias*, que nos proporcionam mais *fé* na certeza de que é Nosso Senhor que conduz nossa vida.

Propomos hoje repassarmos por todo este itinerário que perfizemos juntos ao longo desse primeiro ano de convivência e amizade, como quem folheia um livro de história ou um álbum de fotografias.

Nosso primeiro tema foi "a importância da fé na vida do casal cristão". Aprendemos com a Palavra que nem sempre é fácil quando nos colocamos a serviço do Senhor, mas que sempre vale a pena. Nesse encontro, podemos nos conhecer um pouquinho mais através das dinâmicas.

O segundo tema foi "cada coisa no seu tempo". Refletimos sobre o tempo que dedicamos ao que de fato nos é caro e precioso. Onde está o seu coração lá deverá estar seu tempo. Fizemos a Roda da Vida para ser reavaliada depois de um tempo e compararmos nossa evolução.

O terceiro tema foi "o que nos afasta de Deus". Nessa reunião, trabalhamos o Evangelho que fala sobre o homem prudente. Exploramos os alicerces de uma casa construída na rocha.

O quarto tema foi "em busca da santidade". Trabalhamos a busca da santidade em casal, através dos dons do Espírito Santo.

O quinto tema foi "dois mundos que se encontram: vale a pena lutar?". Nessa reunião trabalhamos a importância do diálogo conjugal.

O sexto tema foi refletido sobre as "interferências familiares na vida do casal". Vimos que as interferências familiares na vida do casal são uma realidade comum, mas precisam ser tratadas com sabedoria, respeito e amor. O casal deve proteger sua união, estabelecendo limites saudáveis e mantendo um diálogo constante. As famílias de origem, por sua vez, devem ser fontes de apoio, mas sempre respeitando a nova realidade conjugal.

O sétimo tema foi "o poder da oração conjugal", no qual refletimos sobre a importância da oração a dois e sobre os inúmeros benefícios que esse hábito traz para a relação do casal e da família. Casal que reza unido permanece unido.

O oitavo tema foi "amor e perdão: uma feliz combinação". Vimos que, quando praticamos o perdão, abrimos espaço para o crescimento e a renovação do amor conjugal. O perdão remove o ressentimento, o rancor e a amargura, permitindo que o amor floresça de forma mais plena. Além disso, ao perdoar, o casal testemunha o poder transformador do amor de Deus em suas vidas.

O nono tema foi "a importância de sentar-se à mesa". Descobrimos que o valor e os benefícios obtidos durante a hora das refeições em família não têm preço. Trata-se de um momento santo, momento de ensinar e aprender, de compartilhar não somente o alimento, mas boas conversas, comunhão e momentos inesquecíveis, que trarão crescimento e serão lembrados para sempre.

E hoje, como estamos? Cada um pode dizer! O sentimento que perfaz o nosso coração, acreditamos que comum a todos, é a *gratidão*! Gratidão pelo aprofundamento na palavra, gratidão pela oportunidade de servir, gratidão pelo crescimento de cada um, gratidão pela melhoria de vida, gratidão por tantos encontros de corações... Podemos afirmar que carregamos, sim, algumas experiências vividas durante esse pequeno, mas intenso, tempo de estrada. Estamos mais sábios porque as pessoas que encontramos no caminho nos ensinaram algo, mas ainda temos muito a aprender!

A estrada de nossa existência pode ser bela, simples, rica, tortuosa. Seja como for, ela é o melhor caminho para o nosso aprendizado. Deus nos ofereceu essa estrada porque nela se encontram as pessoas e situações mais adequadas para nós.

Assim, vamos continuar seguindo! E, sobretudo, caminhando felizes, com o coração em festa, agradecidos a Deus por ter nos dado a chance de percorrer esse caminho de fé, amor e serviço, mostrando, assim, ao mundo a beleza do matrimônio e de famílias construídas sobre a rocha.

Partilha

Dos temas vividos nas reuniões, qual o que mais contribuiu para seu crescimento matrimonial? Qual o tema que você gostaria que fosse vivido novamente?

Dinâmica do balão

A dinâmica do balão de ar traz uma metáfora muito forte: a ideia de não deixar os ânimos, motivação ou otimismo caírem. Nessa dinâmica, exploramos também a importância da ajuda mútua.

Material necessário:
- Bexigas para cada participante.
- Pedaços de papel para cada participante.
- Canetas.

Para começar, distribua uma bexiga vazia para cada pessoa, bem como papel e caneta para que possam escrever seus desejos. Certifique-se de que os papéis sejam pequenos e leves para que as bexigas possam flutuar adequadamente. Após escreverem seus desejos, todos devem colocá-los dentro das bexigas e enchê-las, garantindo que os desejos estejam bem protegidos.

Em seguida, incentive alguém a jogar sua bexiga para o voluntário, tornando o desafio mais difícil ao adicionar mais balões. Vai aumentando a dificuldade com 3, 4, 5 balões... À medida que o número de balões aumenta, fica evidente que uma única pessoa não consegue sustentar todos os balões no ar. Reforce que uma pessoa sozinha não consegue sustentar uma dezena de balões no ar porque, puxados pela gravidade, todos tentam chegar ao chão. Porém, um grupo empenhado em ajudar uns aos outros pode fazer com que os balões ou bexigas mantenham-se no ar. Assim é a nossa missão em grupo. Isso representa a importância de nos apoiarmos uns aos outros para alcançarmos metas mais ousadas.

Preparar um vídeo de retrospectiva da caminhada ou partilhar fotos dos momentos vividos.

Finalizar a reunião com um jantar de confraternização e celebração.

7. Informações sobre aniversários, data da próxima reunião...

8. Oração final

Pai, Filho e Espírito Santo, em vós contemplamos a fonte do amor, da unidade e da paz. Em vosso nome nos reunimos para escutar e partilhar a Palavra. Somos família em oração. Fazei de nossos lares lugar de comunhão, escola do Evangelho e autênticas igrejas domésticas. Queremos mostrar ao mundo a beleza do matrimônio e da alegria de viver uma fé no amor e no serviço. Despertai em todos nós a consciência do caráter sagrado da família e de sua beleza no projeto de Deus. Vosso amor nos uniu e nele queremos crescer, permanecer e anunciar. Amém!

Edições Loyola

editoração impressão acabamento

Rua 1822 nº 341 – Ipiranga
04216-000 São Paulo, SP
T 55 11 3385 8500/8501, 2063 4275
www.loyola.com.br